Anri Mišo
U ZEMLJI MAGIJE

REČ I MISAO
KNJIGA 496

S francuskog preveo
JOVICA AĆIN

Anri Mišo
U ZEMLJI MAGIJE

REČ I MISAO
KNJIGA 496

S francuskog preveo
JOVICA AĆIN

ANRI MIŠO

U ZEMLJI MAGIJE

IZDAVAČKO PREDUZEĆE „RAD"
BEOGRAD

Izvornik

Henri Michaux
AU PAYS DE LA MAGIE
Gallimard, Paris

Zemlju Magije okružuju sićušna ostrvca: to su bove. U svakoj bovi je mrtvac. Taj pojas bova štiti zemlju Magije, njenim žiteljima služi kao osmatračnica, signalizuje im nailazak stranaca. Njima potom ostaje samo da ih zavedu s puta i pošalju daleko.

*

Vidimo kavez, čujemo lepršanje. Opažamo nesumnjivi šum kljuna koji kljuca o rešetku. Ali, ptice – nigde.

Upravo iz jednog od takvih praznih kaveza čuo sam, za svoga života, najintenzivniji papagajski žamor, pri čemu se, razumljivo, nije video nikakav papagaj.

Ali, kakva je to buka bila! Kao da su se u kavezu nalazila tri, četiri tuceta:

„... Nije li im tesno u tom malom kavezu?", mahinalno sam pitao, dajući svome pitanju postupno, dok sam ga izgovarao, podrugljivi ton.

„Da...", odgovori mi odsečno njegov gospodar, „zato oni toliko i krešte. Hteli bi više mesta."

*

Ova kapljica vode je tankoćutnija od nekog psa. Privržena je. Deca se igraju s njom. Blago je setna ako se ne bavimo njome. Odbacite li je, ona strada i umire. Vodeni insekti je izbegavaju. Iz radoznalosti ili nevaljalstva, dečaci se zabavljaju njome da bi je usmrtili. Ako je nevaljalstvo bilo pobuda, valja pripaziti na kočnice (vidite poglavlje o kočenju).

*

Na velikom drumu nije retkost videti talas, talas sasvim sam, talas izvan okeana. On ničemu ne koristi, nije deo nikakve igre. To je slučaj magijske spontanosti.

*

Hodati, naprotiv, obema obalama neke reke je vežba, uostalom naporna.

Često vidite tako čoveka (učenika u magiji) kako se penje uz reku, hodajući jednom i drugom obalom istovremeno: veoma zauzet, ne primećuje vas. Jer, ono što izvodi je tanano i ne dopušta nikakvu rasejanost. On bi se brzo našao, sam, na jednoj obali, a tada – kakve li sramote!

*

Jedno odelo je bilo zamišljeno za izgovaranje slova „R". Imaju i odelo za izgovaranje slova „Vstts". Što se tiče ostalih, mogućno ih je izvući iz navedenih, uz izuzetak, međutim, slova „Khing".

No, za ta tri odela cena je znatna. Mnogi ljudi, nemajući sredstava da ih plate, mogu ta slova jedino uzgred da mucaju, ili su, pak, veoma, veoma jaki u magiji.

*

Često uveče vidite vatre u selu. Te vatre i nisu vatre. One ništa ne sagorevaju. Jedva bi, a za to bi opet bila neophodna neka strašna jara, jedva da bi devičanska nit koja prolazi po sredini izgorela.

U stvari, te vatre su bez toplote.

Ali, one imaju sjaj kakvom ništa nije ravno u prirodi (manji, ipak, od električnog luka).

Ti ognjevi očaravaju i užasavaju, uostalom bez ikakve opasnosti, a vatra prestaje isto tako naglo kao što se i pojavila.

*

Video sam vodu koja se suzdržava da teče. Ako je voda dobro priučena, ako je to vaša voda, ona se ne razliva, čak i kada se krčag razbije na četiri komada.

Ona naprosto čeka da bude smeštena u neki drugi. Ni ne pokušava da se izlije napolje.

Deluje li to snaga Čarobnjakova?

Da i ne. Naoko ne. Čarobnjak može i da ne zna za lomljenje krčaga i bol koji voda sebi zadaje da bi se održala na mestu.

Ali, voda ne bi smela da čeka suviše dugo, jer joj je neugodno i naporno da očuva taj položaj, te čak i da se ne izgubi – mogla bi da se rasprostre.

Potrebno je, prirodno, da to bude vaša voda, a ne neka voda od pre pet minuta, voda koja je upravo obnovljena. Ova će odmah isteći. Šta bi je zadržalo?

*

Pod vodom udaraju vrata.

Potrebno je umeti ih čuti. Tako je mogućno upoznati svoju budućnost, blisku, dnevnu buduć-

7

nost. U tome su izvanredno spretne vidovnjakinje koje srećete na morskoj obali, okružene mušterijama punim nade.

One čuju unapred udaranje svih vrata kroz koja ćete proći toga dana, mnogobrojne radnje koje ćete učiniti, i vide ljude koji se međusobno sreću pokraj vrata, i šta su baš rekli i odlučili. To je zaprepašćujuće. Sve do noći verujete da živite dan koji ste već jednom proživeli.

*

Neko govori. Odjednom, evo, biva zahvaćen nekim neodoljivim kijanjem i kašljanjem, bučnim, kakvo se nije dalo predvideti. Slušaoci shvataju: „Steglo ga uže", misle i odlaze smejući se. Te unutrašnje opomene, što ih dosuđuju Čarobnjaci, idu do spazme, grčenja, angine u grudima.

Oni to nazivaju „stezanje užeta". Kaže se takođe, bez dodatnih objašnjenja: „Jako ga je steglo."

Viđeni su ljudi u hropcu kojima ništa nije falilo, osim što ih je ONO jako steglo.

*

Čarobnjaci vole tamu. Početnicima je ona apsolutna potreba. Oni guraju ruke, ako smem da kažem, u škrinje, garderobe, ormane s vešom, kovčege, podrume, tavane, skloništa pod stepeništem.

Nema dana a da kod mene iz plakara ne iziđe ponešto čudnovato, bilo krastača ili pacov, držeći se, uostalom, nespretno i smesta se onesvešćuje, bez snage da strugne.

Nailazi se čak i na obešenike, lažne, razume se, koji ne vise čak ni o istinskom užetu.

Ko bi duže mogao da izdrži takva dešavanja? Uvek bi me na trenutak obuzela strepnja, s neodlučnom rukom na kvaki. Jednoga dana je preko mog sasvim novog sakoa, kotrljajući se prešla krvava glava, ne ostavivši za sobom po njemu ni mrlju. Nakon zaraznog časka – nikada se ne ponovio sličan – zatvorio sam vrata.

Mora da je taj Čarobnjak bio tek početnik koji nije bio kadar da na tako čistom sakou načini ni mrlju.

No, glava, njena težina, njen opšti utisak, bila je dobro oponašana. I kada je ona već bila iščezla, još sam osećao groznu mučninu.

*

Dete, poglavarevo dete, dete bolesnikovo, dete zemljoradnikovo, ludino dete, Čarobnjakovo, dete se rađa s dvadeset i dva nabora. Reč je o tome da se oni razmotaju. Tada je čovekov život potpun. U tom obliku on umire. Nijedan mu nabor nije više ostao za rasturanje.

Retko kada neko umire a da mu je ostalo još nekoliko nabora da ispravi. Ali, i to se događalo. Uporedo s tom operacijom, čovek formira zametak. Niže rase, poput bele rase, gledaju više na zametak nego na razmotak. Čarobnjak vidi pre razmotak.

Jedino je razmotak važan. Ostalo je tek epifenomen.

*

Ono što većina osoba čini očiglednije od ičega drugog jeste da kinji svoga dvojnika. U zemlji Čarobnjaka to nikako nije dopušteno, strogo vas kažnjavaju, potrebno je da se takvi što pre poprave.

*

Grbavko? Nesrećnik, nesvesno opsednut očinstvom (zanet, kao što se zna, ljubavnim uživanjima, ali očinstvo je ono, smatraju, što ga najviše svrbi). Da bi ga utešili, iz njegove grbe mu izvlače drugog grbavka, maleckog.

Neobično suočenje, kada se ugledaju po prvi put, stari, utešen, i drugi, već gorak i bremenit utučenošću bogalja.

Suvišno je reći da grbavci koji im se izvlače nisu pravi grbavci, niti istinski mali, niti istinski živi. Oni nestaju posle nekoliko dana, ne ostavljajući traga za sobom.

Ali grbavko se uspravio, i to nije najmanje čudo.

Uostalom, šok je neophodan. Važan je prvenstveno šok; galvanizacija individue, koja od toga najpre sva zadrhti.

Ako grbavko, naprotiv, s ravnodušnošću gleda na malo biće proizišlo iz njegove grbe, trud je izgubljen.

Možete da mu iz nje izvučete i dva tuceta, pa bi to bilo bez ikakvog rezultata, njegovo stanje se ni najmanje ne bi poboljšalo.

Šta onda reći? Tada je u pitanju pravi, savršeni grbavko.

*

Samrtnik ima uvek dva prsta. Ali, nema ih više od dva, dva koja se još drže, dva koja valja lečiti, masirati, oživljavati, jer ako se od njih odustane – sve je završeno. Niko neće više spasti tog bolesnika čak i kad bi mu iščupao koren njegove muke. Njegova poslednja noć ističe. On neće više stići do roglja dana.

*

Odjednom se osećate pogođeni. Međutim, ničega vidljivog, naročito ako dan više nije u punoj jasnosti, na izmaku popodneva (čas kada *one* izlaze).

Osećate se neprijatno. Zatvarate vrata i prozore. Tada izgleda da je neko biće doista u zraku, kao što je Meduza istovremeno u vodi i načinjena od vode, prozirna, glomazna, gipka, i pokušava da prođe kroz prozor koji se opire vašem potiskivanju. Vazdušna Meduza je ušla!

Pokušavate, prirodno, da sebi objasnite stvar. Ali, nepodnošljivi pritisak strašno narasta, izlazite s krikom „Mja!" i bacate se u uličnu gomilu.

*

Ne idite više radi teleće džigerice preko teleta. Ne uzgajajte više telad. Ne vodite ih na pašu, ne telite ih, ne koljite, ne podstičite pojavu i nestajanje ličnosti teleta.

Jedan i jedini put, bilo je to davno, ubijeno je tele – otkinuta mu džigerica, negovana, nađena joj odgovarajuća sredina i sada se razvija u beskonačnoj masi.

Džigerica ima svoje neprijatelje koji je sprečavaju da raste, da se razvija (najgore je tele koje misli jedino na sebe), ima sopstvene otrove protiv

11

kojih se sámo tele mnogo, mnogo bori, neprestano i mučno, mučno, pošto je tek tele.

Ne mora li Čarobnjak o tome da zna više od nekog teleta? Kao i o jabukama, pilećem belom, smokvama, o svemu. Savršeni jabučari, smokvici (osim radi ukrasa, pouke, radi slobode prirode), ne prelazite više preko njih. Žanjete, posle prve setve, meso jabuke, pileta, svega što raste i živi.

Pravo na meso! Meso koje oni ne umeju ili neće da neguju. Izmiču im ga. A sada Čarobnjacima!

*

Koliko god oni savršeno znali da su zvezde nešto drugo od istaknutih svetala na nebeskom svodu, ne mogu se suzdržati da od njih ne prave zvezde da bi ugodili svojoj deci, da bi i sami uživali, pomalo radi vežbe, radi magijske spontanosti.

Onaj ko ima samo malo dvorište, pravi mu tavanicu po kojoj vrve zvezde, što je najlepša stvar koju sam ikada video. To jadno dvorište, okruženo zidovima zamornim do kukavnog izgleda, pod tim ličnim nebom, iskričavim, nakrcanim zvezdama, kakav prizor! Često sam razmišljao i pokušavao da izračunam na kojoj bi se visini mogle nalaziti te zvezde; nisam u tome uspevao, jer ako ih koristi nekoliko suseda, njihov broj jedva da je važan, i oni ih vide prilično nejasno. Naprotiv, one nikada ne prolaze *ispod* nekog oblaka.

Zapazio sam, ipak, da se vodi znatna briga da one, dok ih smeštaju, izbegnu okolinu Meseca, nesumnjivo iz straha da se, zbog rasejanosti, ne nađu ispred njega.

Izgleda da više od svakog drugog ovo prikazivanje čarobne moći budi zavist i želje. Susedi se hvataju u koštac, ljuto se bore, pokušavaju da dahom oteraju zvezde sa strane. I nižu se beskrajne osvete.

*

Među licima koja upražnjavaju male zanate, između postavljača zublji, opsenjivača guše, brisača šumova, po osobenoj čari i čari svoga zanimanja izdvaja se Pastir vode. Pastir vode zazviždi nekom izvoru, a ovaj, iskočivši iz svoje postelje, prilazi mu i sledi ga. Prati ga, usput se gojeći drugim vodama.

Pokatkad on više voli da čuva kakav potok, nevelik, prikupljajući tu i tamo tek onoliko koliko je neophodno da ne bi iščileo, brinući o njemu posebno kada protiče preko peščanog tla.

Video sam jednog od tih pastira – pridružih mu se, opčinjen – koji je sebi pričinio zadovoljstvo da s gotovo nikakvim potočićem, širokim koliko čizma, savlada veliku turobnu reku. Vode se ne mešahu, i on je svoj potočić netaknut preveo na drugu obalu.

Vrhunska veština koja ne uspeva potočaru početniku. U jednom trenutku, vode će se pomešati i on će morati drugde da traži novi izvor.

U svakom slučaju, rep potoka neizbežno nestaje, ali od njega ipak ostaje dovoljno da natopi neki voćnjak ili ispuni prazni jarak.

Ne sme da okleva, jer će, veoma oslabljen, lako klonuti. To je „protekla" voda.

*

Za izgradnju puteva oni raspolažu kičicom za popločavanje.

13

Imaju i kičicu za građenje. Za udaljena mesta imaju čak i oruđe za građenje. No, potrebno je umeti veoma tačno, veoma tačno naciljati. Suvišno je navoditi razlog tome. Ko bi još voleo da mu krov padne na glavu?

*

Kad bi se mogle, vele, vode očistiti od svih riba iglica, kupanje bi bilo tako neizrecivo prijatno da o tome čak nije dobro ni sanjati, jer to nikada neće biti, nikada.

Ipak, oni pokušavaju. U tu svrhu se služe štapom za pecanje.

Pecački štap za lovljenje ribe iglice mora biti tanan, tanan, tanan. Nit mora biti apsolutno nevidljiva i upadati u vodu polako, neprimetno.

Na nesreću, i sama riba iglica je tako reći posve nevidljiva.

*

Jedan od njihovih uzornih proba je zmijski snop. On daje pravo na kapu drugog stepena. Kandidat za postizanje druge čarobne kape mora poći u potragu za zmijom. Svaka zmija se smatra odgovarajućom. Nijedna ne sme biti odbačena. Može biti otrovnica, može biti od onih koje se međusobno ne trpe. Može biti od malih i od velikih. Moram da podsetim da su one klizave, da teže da se sviju oko sebe (zabranjeno!) i prepletu jedna s drugom (zabranjeno!).

Dobar i čvrst snop, trostruko uvezan kanapom ili žicom, eto šta on mora da donese.

Mnoge su teškoće za postizanje kape drugoga stepena. Bez uticaja na zmije, nema magije. Ako je kandidat prihvaćen, šalju mu dvojnicu njegove glave sazdanu pomoću magije. Ako nije, poslaće mu dinju.

*

Tamo zločincima, uhvaćenim na delu, biva smesta iščupano lice. Čarobnjak krvnik dolazi odmah.

Potrebna je neverovatna snaga volje da bi neko lice, kakvo obično jeste, izišlo iz čoveka kome pripada.

Malo-pomalo, obličje popušta, dolazi.

Krvnik udvostručava napore, odupire se, diše snažno.

Najzad, otkida ga.

Dobro izvedena operacija, celina se odvaja, čelo, oči, obrazi, cela prednja strana glave kao da je očišćena ne znam kakvim nagrizajućim sunđerom.

Gusta i tamna krv izbija iz svuda pažljivo otvorenih pora.

Sutradan je zgrušavanjem obrazovana ogromna, okrugla krasta koja može da pobudi jedino jezivi utisak.

Ko je to jednom video, pamtiće zauvek. Košmari će ga na to podsećati.

Ako operacija nije dobro izvedena, budući da zločinac može biti posebno čvrst, događa se da su mu otkinuti jedino nos i oči. To je već izvestan uspeh, pošto je čupanje čisto magijsko, dželatovi prsti zapravo ne mogu da dodirnu, čak ni da okrznu lice za uklanjanje.

*

Smešten u središte potpuno prazne arene, pred-
vedeni je ispitivan. Okultnim putem. Pitanje odje-
kuje u dubokoj tišini, ali za njega snažnoj.

Odbijajući se od stepenastih sedišta, ono odzva-
nja, vraća se, opet pada i obara se na njegovu gla-
vu poput grada koji se obrušava.

Pod tim žestokim valovima, uporedivim samo
sa uzastopnim katastrofama, on gubi svaki otpor i
ispoveda svoj zločin. Ne može a da ne prizna.

Ogluveo, pretvoren u olupinu, bolne i bučne gla-
ve, sa osećajem da je imao posla s deset hiljada tu-
žilaca, on napušta arenu gde ne prestaje da vlada
najapsolutnija tišina.

*

Kod njih nećete sresti Nerone, Žilove de Reje.
Nije bilo vremena za njihov nastanak.

Postoji stalni savet sa zadatkom da otkriva bu-
đenje opasnih sila.

Vodi se istraga. Ona može ići sve do obreda
pravljenja *Horoskopa na osnovu iščezlih zvezda.*

Taj horoskop je uvek nepovoljan. Sledi, dakle,
kočenje (okultno).

Čovek pada. Ne znajući ni šta mu se dešava,
stiskajući čas svoju glavu, čas želudac, mali sto-
mak, butine ili ramena, on urliče, očajava, na sa-
mom je opasnom vrhuncu nesreće: *upravo je lišen
sebe.*

Neopisiv strah; i nedopustiv. Do samoubistva
dolazi obično tokom iduća tri časa.

*

Krvareći na zidu, živa, crvena ili napola zaga-
đena, to je rana čovekova; nekog Čarobnjaka koji
ju je tamo stavio. Zašto? Radi askeze, da bi ga više
bolela; jer, razumljivo, on se ne bi mogao suspre-
gnuti da je zaceli svojom prirođenom taumatur-
škom moći, dotle da bude totalno nesvestan.
Ali, on je, tako, dugo čuva da se ne zatvori.
Ovaj postupak je uobičajen.
Neobične rane srećete s nelagodom i mučni-
nom, boluju se po pustim zidovima...

*

Vrednost nekog čoveka tačnije procenjuju tek
kad je mrtav. Smatraju da se bez svojih trikova,
svoga gradilišta (telo), najzad pokazuje otkrive-
nim.
Uvek se delo pokojnika videlo kao senzacional-
no. Potrebno je, međutim, raditi brzo. Desetak go-
dina posle smrti (osamnaest ili dvadeset za izuzet-
ne temperamente) mrtvac utrnjuje. Za Čarobnjake
je pitanje samoljublja da nadživljavaju svoju smrt
što je mogućno duže. No, sile rastakanja takođe
deluju, snažno, neumoljivo. Onostrani vetrovi naj-
zad polažu pravo na njih i još se samo, kad je reč o
značajnijim činovima, može računati na skorašnje
mrtvace.
Nije svako Čarobnjak. Ima i smetenih mrtvaca,
bolesnih. Ima i onih koji lude. Ovde na scenu stu-
paju *Psihijatri za mrtve*. Njihov zadatak je da
usmere nesrećnike, da ih izleče od potresa koje im
smrt nanosi.
Ta profesija iziskuje znatnu meru istančanosti.

17

*

„Otac triju tigrova ne bi smeo da izlazi noću. U svako doba će morati da nosi rukavice; nije mu dopušteno da skače, trči, izlazi uveče ili popodne, nego jedino ujutro.“ (Pretpostavka je da ujutro on ne bi našao svoju decu kojima neće imati prilike da saopšti adrese osoba koje bi da vidi prožderane.) Tako je sastavljen natpis – jedan od najstarijih i, izgleda, ne baš pričljiv – koji se tiče magije koliko i praznoverja.

Ipak, ako otac uspe da saopšti adresu žrtve, to je kao da je ona već u tigrovim čeljustima, ukoliko se iste večeri ne preseli. Ali, ljudi su skloni nadi. Hteli bi da veruju da je data adresa netačna, da je to susedova adresa.

Zahvaljujući takvim divnim umovanjima, ostaju kod kuće, čuvajući svoj plen za izgladnelog tigra.

*

Drevni je običaj da se zemlja sisa pre nego što se počne govoriti. Što se gubi na brzini, dobija se na promišljenosti, skrušenosti, na nečem ne znam šta u isti mah veličajnom i prilagođenom.

Setimo se da s njima imamo posla s jednom civilizacijom Zemlje. Jedna od jedinstvenih, jedina čak koja podzemno proživljava svoje zlatno doba; to je i verovatni izvor njihovih čarobnih moći.

I sada je još opšte pravilo da se doba zrelosti provodi pod zemljom (tačnije, konac doba zrelosti). Tako se bez teškoća crpu snage za starost koja mora biti doba oslobađanja.

*

Postavljač žalosti dolazi da obznani smrt, sav smračen i rastužen, kao što traži njegov zanat, od čarobnih pega i pepela. Sve poprima crvljivi, vašljivi izgled beskrajnog žaljenja, tako da nad prizorom kakav je posle njegovog odlaska rođaci i prijatelji mogu jedino da plaču, obuzeti nekom bezimenom tugom i beznadnošću. Ova mudra mera bila je prihvaćena i zanat stvoren s ciljem da ožalošćenost bude zaista neodoljiva, i da se bližnji ne sile da izgledaju pogođeni. Oni to jesu, jesu dotle da se međusobno bodre tvrdog srca: „Samo da prođu dva dana", govore, „budimo hrabri, neće potrajati."

U stvari, dva dana kasnije opet se pojavljuje postavljač žalosti koji svojom čari ukida užas i beznađe, što ih je po svojim obavezama bio raspodelio, i utešena porodica poprima prirodan izgled.

*

Valja zapravo tražiti zub mramora. Jednom nađen, ostalo dolazi samo, bez napora, ma težio kameni blok dve tone: mramor je zaposednut. To ne znaju uvek radnici i skulptori Evrope, i to uzrokuje ponekad da neku celovitu stenu bezuspešno obrađuju. Ali, eto, što je tako tanano, nužno je naći *zub* mramora.

*

Protiv Aseja, koji se često primiču međama njihove zemlje, oni upotrebljavaju vodene eskadrone. Suvišno je da intervenišu drukčije, piroge i njihove posade ostaju na mestu.

Mali brodovi, pa čak i veliki, ako nisu s dobrim kosturom, bivaju uništeni.

Razlika između prirodnih talasa i ovih u tome je da prvi, čak i nošeni vetrom, naprosto zapljuskuju, dok se drugi odbijaju i bacaju, čitavi, na i u plovila, ispunjavajući ih, prevrćući, i komadajući. Jezoviti učinak bi već bio dovoljan i kada ne bi bilo drugog, materijalnijeg. Čeka se – kako se od toga odbraniti? – na neko ogromno čudovište koje će iskrsnuti iz vodenih dubina i dovršiti pustošenje.

*

Tri dnevne plime i oseke ljudskog tela obrazuju tajnu njihove civilizacije, njihovo osnovno blago.

„Po tome", kazuju, „mi smo jedini koji smo prevazišli animalnost." Odatle, zapravo, proističu magija, skraćenje i bezmalo nestanak počinka, vidovitost, kondenzacija psihičkih snaga, tako da oni nisu više na milosti umora, rana i drugih udesa koji zatiču ostale ljude.

Budući da su te plime i oseke njihova tajna, još ću nešto malo o tome reći.

Prva je daleko najvažnija, najsloženija, pošto je preobličava noć. Zatim, dolazi treća koja je najviša. O drugoj znam samo ono što se o njoj stalno govori, to će reći: „Donosite kada ona odnosi; odnosite kada ona donosi."

Noć je, nasuprot onome što sam verovao, mnogostrukija od dana i pod znakom je *podzemnih reka*.

*

Za njih su strop, krov, naročito pitanje odluke. Jednom sam, tokom jake kiše, jednog od divnih atmosferskih opuštanja kakva postoje samo tamo i u tropima, u polju, blizu puta, video čoveka kako sedi pod vedrim nebom, na suvom, dok se kiša, pljušteći bez očitog razloga na metar iznad njega, slivala malo dalje; baš kao da je imao neki dobar zaklon, od koga, zapravo, nije bilo ni senke. Nisam hteo da ga uznemiravam i prošao sam svojim putem. Premda sam ga poznavao, nisam dahnuo ni reč, a ni on nije. Ni docnije. I ako se ne varam, otada mi je bilo ukazivano veće poštovanje. Moja večna pitanja su ih katkad mnogo zamarala.

*

Želudac (pokrajina-želudac) bio je korišćen protiv neprijatelja koji su dolazili sa zapada. Pre nego osvajači u pravom smislu, izgleda da su to bili domoroci s planina, danas potpuno nestali.

Silazeći u dolinu, ti brđani su morali da pređu reku. Stopala bi im bila svarena. Potom bi bili izloženi veoma jakoj kiši koja bi odmah žestoko navalila na njih, nagrizajući meso i tkanine.

Ceo kraj pred njima bio je preobražen u želudac. Takva je istina.

Vlažni vazduh ih je proždirao. Koža se odvajala u velikim ljuspama, a meso, ispod, brzo je rastakano. I sama prašina koju su dizali bila je protiv njih. Napadala ih je, pomešana s njihovim znojem. Izjedeni, ne nekom gubom, već okrutnim sokovima Želuca, nestaće gotovo svi.

*

Temperatura je, barem u radionicama za vradžbine, i u njihovoj okolini, temperatura je isključivo magijska. Nema nikakvog značaja duvao vetar sa istoka ili zapada, s brda ili s mora. Nagoni vas da uzmaknete, pa da se vratite i tako tamo-amo. Neka ga drugde da radi i duva. Nikakve potrebe za tim velikim vrtirepom. Mali mesni vetrovi bivaju postupno svođeni, počev od šest metara dužine za otvoreni prostor, osamdeset centimetara za zatvorene odaje.

Na velikim trgovima obično se nalazi četrdeset do pedeset vetrova. To je na korist i zadovoljstvo svima, i nikada nisam tako dobro radio kao u njihovim stanovima-pećinama, specijalno opremljenim za izučavanje, u društvu dvanaestak vetrova nad glavom.

Između ostalog žalim za tim minulim danima. Sada u Evropi još ponekad ustrajava iluzija. Nekoliko časaka mi se činilo da prepoznajem neki vetrić. Ali ne, nikakav! Valjalo bi sačekati jedan, dug i beskonačan, koji će, pošav iz Skandinavije ili Afrike, beskonačno duvati po milionima ostalih ljudi koji, uostalom, i ne znaju za bolji.

Gradovi – ako gradovima mogu nazvati njihove tako posebne naseobine – prava su slagalica vetrova.

Razume se da svaki veliki Čarobnjak ima svoj vetar. Bilo bi drsko i, uostalom, neobazrivo – jer bi mu odmah bio spaljen – ako bi neko hteo da sa svojim prođe kroz njegov vetar.

I samo još reč o raskršćima, premda sam o njima već govorio. Tu imate vetrova i vetrova! Potrebno je da ih bude. Tu sve kipti, prašti. Nigde takve senzacije živog života.

*

Najzanimljivije u zemlji, nemogućno je videti. Možete biti sigurni da to niste videli. Okružuju ga maglom. Tako mi je ostala nepristupačna, nevidljiva, Savezna Prestonica, mada su mi ne znam koliko puta pokazali put i ja sam, tokom jedne nedelje, bio uveren da je gotovo dodirujem.

Oni imaju sedam vrsta magli (govorim o glavnim) i dovoljna je treća da bi vas omela da vidite sopstvenog konja koga jašete. Sledeća je tako gusta da verujete da ste usred lavine od belog peska. Da biste znali da li su to prave magle, posmatrajte da li one prate vetar. Ako ne prate, to su uvračane magle. Iznosim to radi mogućnog prigovora. U stvari, Čarobnjak ne stvara istovremeno maglu i vetar, a zašto je tako – ostalo mi je nepoznato.

Njihova magla dovoljna je da poludite. Potpuno odsustvo belega za snalaženje... vidite list, šapu, njušku, ali niste kadri da prepoznate žbun, životinju.

Izvesni Kal, čije sam poverenje stekao, pozajmio mi je svoje naočare protiv magle. Trebalo je imati neki nedostatak vida, jer bića, stvari, pojaviše mi se u takvom previranju da sam bio posve dezorijentisan. Neraspoložen, vratio sam mu naočare. Trebalo je da ih zadržim.

*

Da li je potrebno baš da mi, u toj volšebnoj zemlji, gradovi koji me, ipak, privlače budu nepodnošljivi? Ljutio sam se, mahnitao, žalio što nisam više dete da bih još imao prava da vičem, plačem, topćem nogama, kukam na nekoga. Šta da se radi? Slušao sam jedino prebacivanja:

„Telefonirali su vam. Nisu li vam upravo telefonirali (ili moram reći 'telekomunicirali')? Opet vam je telefonirano... Šta to znači?... Zašto niste odgovorili?"

Oni ne mogu da zamisle da ne čujemo njihove okultne poruke, kao što bi bilo nemoguće ne pročitati na nekom zidu reči ispisane velikim slovima, triput podvučene.

Na vrhuncu razdraženosti, glave koja je ključala od svega što sam osećao, bez moći da to razlučim, pokušavao sam ponekada da pogodim, kao što se to radi na ruletu. I kao na ruletu, gubio sam. Kakva mučnina! Ponovo sam odlazio na selo, postiđen, zavidljiv, zajedljiv.

*

Uglavnom žive u miru sa životinjama, a ni lavovi nisu ni najmanje zaokupljeni njima. Dešava se, međutim, da se oni, razbesneli zbog nečega, od gladi, dočepaju nekog čoveka. Možemo verovati da tako nešto, s jednim prostim lavom, sebi ne dopušta Čarobnjak, ali nedorasli mladić može biti iznenađen. Šta tada on radi, nesposoban da se brani? Poistovećuje se s lavom. Zahvaljujući svojoj slabosti, biva prožet takvom snažnom radošću, tako preteranim zadovoljstvom u proždiranju, da tek što ste dečka izvukli iz lavlje čeljusti – on udara u plač.

„Zašto ste me izvukli iz blaženstva", kaže svojim spasiocima, „baš u času kada sam bio zauzet proždiranjem nekog jadnika?..." On verovaše, naime, da je još lav; ali, opazivši da on govori, i kome, uočava svoju grešku i ućutkuje se, zbunjen.

No, shvataju ga, opraštaju. Ta radost, koja mu je zakinuta, tako je divna, radost koja prestaje tek na pragu smrti.

*

Rđava domaćinstva predstavljaju magijsku opasnost i viđeno je kako se sve kuće nekog sela raspadaju u prah, istrošene žestinom neprijateljskih osećanja nekog muža prema svojoj ženi, osećanja koje je on lično pokušavao možda da sakrije sve dok, ipak, s rušenjem sela u prašinu, ona ne postaše očigledna.

*

Nema smeha pre podne.
Stroga zabrana, poštovana bez mnogo muke, pošto se tamo malo smeje; smeh je, kao i glagoljivost, optužen da ispražnjuje rezervoar čarobnih moći.

*

Jedna krastača vredi dve ose.
Ose su, međutim, znatno veće od onih u Evropi. Njihov let je brz, munjevit. One ubijaju vrapce u punom letu. Kad ovi ne lete, nalaze se u zaklonu, ali ih one vrebaju dok opet ne polete.
One proleću iznad i ubadaju ih u trbuh. Duga žaoka prolazi bez krivljenja kroz meko paperje. Oštri, prodorni krici, posebni, kakve ponekad čujete i koji vas navode da pohrlite prozoru, krici su neke bolno pogođene ptice. Ona ubrzo pada, sva naduvena i, sve do nailaska smrti, desetak minuta kasnije, jedva da se miče.
Osin otrov se koristi u crnoj magiji. Krastačin otrov je jači, mada hladniji. Bolje se meša s hranom, bolje prenosi proklinjanje, malne izgleda kao „poslušniji“.

*

Događa vam se katkad da u mraku opazite trzovite skokove neke vrste svetlog, dosta velikog mufa. Ono što tako vidite jeste jarost.
Ne oklevate li, ako se primaknete, videćete Čarobnjaka lično.
Ne bih vam, ipak, to savetovao.

*

Pljuje mu lice na zid.
Navedena stvar je u vezi sa onim što drugde kažem o kapsuli. Taj čin prezira znači da se ne želi nikakva veza sa individuom, da se ne želi niti jedan njen trag na sebi. Odbacuje se, dakle, javno.
Čarobnjak ponovo pljuje na najbliži zid, omraženo lice oglašeno je odvratnim, iako potpuno prepoznatljivo i istinsko, i Čarobnjak se udaljava bez reči. Lice ostaje neko vreme na zidu, zatim se prepokriva prašinom.

*

Čarobnjak Ani tvrdi da je kadar predujmiti pshi... žene za kojom traga (pshi nije dvojnik), privući ga k sebi. Mogućno je neko vreme biti bez pshija; ona najpre ne opaža gubitak, ali potom on počinje da mazi pshi, te se malo-pomalo, mada ne osećajući ništa sem rasplinutosti, žena primiče mestu gde se već nalazi njen pshi. I što je bliže, bolje se oseća, sve dok se, a da toga nije svesna, ne poklopi sa njim. I uto, ljubav muškarca je već u njoj.

*

Vele da se u većini ljudi koji posmatraju krajolik obrazuje kapsula. Ta kapsula i nije tako mala kako se veruje.

Kapsula je medijum između krajolika i posmatrača. Ako bi posmatrač uspeo da otkine kapsulu i ukloni je, bio bi bezmerno srećan, zadobio bi raj na zemlji.

No, za to je potrebna izuzetna istančanost, čudesna snaga i poznavanje onoga što se čini. To je kao iščupati drvo sa svim njegovim korenjem. Sitni zajedljivci koji bezmalo svuda koriste mnemotehnička sredstva, grafičke predstave, poređenja, analize i brutalno postupaju s posmatranom građom, ne samo da ne znaju o čemu govorim već apsolutno ne umeju da sagledaju čudesnu i gotovo dečju jednostavnost te operacije koja vodi pravo na prag ekstaze.

*

Otvarajući kokošje jaje, u njemu otkrivam muvu.

Izlazi iz nekoagulisanog žumanceta, s naporom trlja krila i teško poleće.

Mora da se neko našalio sa mnom. I to da spomenem ovde? Da li je dostojno imena Magije?

*

Čuo sam ovaj razgovor. Žena se češljala nekoliko minuta pre nego što je po nju trebalo da dođu kola Velikog Čarobnjaka.

Njen muž je bio nestrpljiv; bio je ćelav i možda pritajeno ljubomoran na bujnu kosu koju je ona doterivala. Čuo sam sledeće reči:

On. – Uvek si zauzeta češljanjem! I ja bih mogao tako. Dovoljno bi mi bilo da se vratim nekoliko godina natrag.

Ona (podrugljivo). – Pa onda požuri, biće ti potrebno da uštediš vremena za povratak.

Ne znam šta je odlučio, ako je njegova magija bila dovoljno jaka, jer nekoliko minuta kasnije jedna kola uđoše u dvorište, vozač im se stavi na raspolaganje, a ja produžih ulicom, brinući se da ne budem indiskretan.

*

Na trgu je izuzetno živo. Novosti su neobične, neočekivane.

„Grešite što ovde gubite svoje vreme", reče mi, prolazeći, Čarobnjak poznanik. „To je stari skup od pre deset godina. Vesti su neobične samo stoga što su iz već isteklog vremena. Rasteraću vam sva ta spadala." I na moje zaprepašćenje, on učini kako reče, trg se isprazni, i svi ti, do maločas tako bučni ljudi iščezoše, rekao bih, s rečima zaleđenim na usnama.

*

Mrtvac se da ukrcati na belutak.

Nema bojazni da neće ploviti, a njegova moć je prenesena na belutke, kamenje, metale, pa se to koristi, čini mi se, dosta bezobzirno, za prenos, skupa s njim, velikih tereta po vodi, te čak i montažnih kućica, peći, vodeničnih kamenova; cela naprava, ako je i nevažno da li je teška, mora biti temeljno načinjena.

*

Uopšte nije retko sresti starca s navršenih šesto godina, koji ne odaje, uostalom, baš najbolji utisak. Ako je nesrećom ili nečijim nevaljalstvom gurnut, to je previše za njegove snage odolevanja, te se on raspada u prašinu, u finu prašinu s lakim zadahom; u životu se održava tek poslednjim plamičkom volje. Izuzetno je neobično sresti nekog takvog ko je upravo izdahnuo.

Istina je da sam ja video jednog, kome su, inače, davali jakih četiri stotine godina, a stigao sam samo dva časa posle nezgode kada je ono što je od njega skupljeno bilo tako smešano i gotovo ništa da je time jedva napunjena vreća, zanemarimo li grudne kosti. Jedino pluća i srce ostaju dovoljno vlažni. Taj superstarac diše, uostalom, tu gde niko ne bi našao zraka. No, varenja se davno odrekao, zadovoljavajući se lakim, hranljivim spoljašnjim kupkama.

*

Izvesni vam spavaju dvadeset godina (tako usporeni, produžavaju svoj život do krajnjih granica). Drugi, četiri do pet minuta sedmicama. To im je više nego dovoljno. Takav vam zakazuje sastanak posle svoje sijeste. Šta da se radi? U neprilici ste. Jer, možda, dok vi budete zaokretali za ugao, on će već podići kapke i čekati vas, ili će pak njegov san trajati i trajati i tek će vaš unuk moći, u

29

svoje vreme, da čuje reči koje su vama bile namenjene.

Zahvaljujući njihovoj znalačkoj tehnici, počinak može biti zamenjen ili disanjem ili znojenjem. Ako je vreme zahladnelo, te je znojenje nemogućno, Čarobnjak može biti neočekivano zatečen i prisiljen da ide na spavanje. U tom slučaju, on nije baš jak u magiji, premda se to dešavalo više nego jednom koji bi se otuda veoma snuždio. Jedan mi reče, na primer, da je zima ove godine stigla znatno ranije nego obično, i bio je primoran da podlegne spavanju od skoro dva časa. Osećao se zato teško poraženim, utešen tek činjenicom da su mnogi od njegovih kolega morali da spavaju do tri i čak četiri časa.

*

U pasjoj peći se čuva privrženost psa. Inače, sa uginulom životinjom, izgubljena je njena privrženost. Otuda, sa suzama od žalosti, ali i sa izvesnim prenemaganjem, žene – kojima je, uostalom, dosuđeno da se često kaju – poveravaju ložaču peći psa još u punoj životnoj snazi i koji iščekuje ne znajući tačno šta, pun poverenja, uprkos strepnji, u prijateljstvo svoje gospodarice. To mu se uzima za zlo. Ostalo se odigrava brzo i nije za opisivanje. Pas, očiju vlažnih, pokušavajući da se vrati, nestaje iza vrata peći.

*

Stareći, slonovi bivaju veoma tvrdi na ušima. Duže vreme zatočeni, ne čuju gotovo ništa više. Onda im izrađuju nešto, o čemu ne znam mnogo, što nazivaju bubnjić od uvelog lišća i to im vraća sluh. Najviše se pojačavaju zvuci koji dolaze izdalje. Noću, pak, potrebno je slonovima skinuti njihove nove bubnjiće koji ih uznemiravaju i izazivaju im košmare.

Izjutra, opet im ih stavljaju. Čitava je priča u tome da su stari slonovi, budući gluvi, tužni i sumnjičavi.

*

Slina drveta Kanapa emotivnog je porekla; naime, u najtoplijem času dana, kada prolazi povorka s trubama, kada se čuje fanfara, na izdanku velikih grana, u nejednakim bujicama, pojavljuje se neobična mrka izlučevina.

Da li je to bol? Je li to radost? S potresnim osećanjem, posmatrate taj izliv koji, sa udaljavanjem muzičara, biva sve sporiji, da bi, sa njima, i on nestao, a drvo se ponovo zatvorilo poput kovčega.

*

Kupovinu jednog časa nadživljavanja garantuje Lutrija bratstva Tinan. Lozove možete kupiti; bolje je steći ih svojim zaslugama. Kad jednom vaš loz dobije, biva vam upućen lekar da bi ispitao vaše mogućnosti. On se obavezuje i u svoje ime obavezuje bratstvo, pod uslovom da je ono upozoreno tokom dvadeset četiri sata od preminuća, da vas vrati u život najmanje na jedan čas. I ja sam kupio takav loz, i držao sam do njega više nego do ičega drugog, i za njim žalim više nego za ičim drugim. Jer, kako se sada nadati da ću ikada moći da se blagovremeno prijavim?

*

Oni su, izgleda, bez smisla za mehaniku. Naprosto im je malo važna. Uzvraćaju da je to antifilozofski, antimagijski, antiovo, antiono. Jedan od njih, kome sam objašnjavao bicikl, verujući da ću ga iznenaditi, tvrdio je da su oni nekad izmislili bicikl za insekte kao poklon deci za razonodu na duže vreme. Ništa nije vredelo, kao da mi je govorio izraz na njegovom licu.

*

U zemlji magije misao je nešto sasvim drugo nego ovde. Misao dolazi, oblikuje se, pročišćava, i isto tako odlazi. Veoma dobro sam osetio razliku. Ta vrsta raštrkanih prisustava, te ideje koje vam, u Evropi, neprestano obuzimaju glavu, nekorisne drugima i vama samima, rasplinute, protivrečne, te se aveti nikako ne pojavljuju tamo: oni su podigli *veliku branu* koja okružuje njihovu zemlju.

Jedino mogu da je probiju, ipak samo na kratko, nekoliko retkih, snažno prenošenih misli induskih i muslimanskih čarobnjaka i asketa, hrišćanskih svetaca i, takođe, nekolicine samrtnika.

*

Kada im je potrebna voda, neće propustiti nijedan oblak u vazduhu a da iz njega ne prizovu kišu. Video sam više nego jednom da se to radi. Čak i ne bio ikakav oblak na vidiku, uz uslov da postoji dovoljna vlažnost u atmosferi, brzo će postići da se pojavi oblačić, najpre veoma svetao, gotovo proziran, koji zatim biva manje svetao, potom još manje, pa beo, onda bremenito beo i punačak, najzad siv, i tada izliti svoju vodu po livadi ili voćnjaku koji su oni naumili da zaliju.

*

Jednoga dana video sam guštera na ivici polja koje je prelazio s mukom. Velik kao ruka, ostavljao je brazdu od otprilike pola metra dubine, kao da je težio ne nekoliko livri već najmanje tonu. Začudio sam se. „Najmanje ih je petnaestak unutra", reče mi moj drugar. „Čega petnaestak? Guštera?" – „Ma ne", on će, „već ljudi, a ja bih baš hteo da znam koliko", i brzo otrča kod okolnih suseda da se raspita o odsutnima. Ko? Jedino ga je to zanimalo i nikada nisam o toj stvari saznao više. Putem koje vradžbine i s kojim neverovatnim ciljem su se ljudi tako natisnuli u tom malom gušterovom telu, eto predmeta moga čuđenja koji po njemu nije zasluživao neko pitanje, ni odgovor.

*

Medved, to znači mir.
Eto, najbrže rečeno. U svakom slučaju, oni su u to ubeđeni, tvrdeći da se deca lakše podižu otkako postoji medved u kući.

*

Albino bananjak je veoma, veoma lep. Njegovo široko lišće veće je od belih rukava dominikanaca, a njegove banane, poput velikih visećih guma, neobične su beline.

Postoji i albino palma, još ređa, znatno ređa, koja se uzgaja u pećinama i čije su datule tako slasne, izuzetne za grlo, čudo za ukus. Njena nega

33

iziskuje mnogo brige. Nikada joj nije suviše. Ostane li samo dan nezalivena, to je i kraj albino palme.

Tamneći brzinom od koje dah zastaje u plućima, evo je u stanju da je ne prepoznamo i već sutradan se ruši poput olupine, i čudimo se da je još juče bila uspravna, kako to umeju palme, bolje nego ma koje drugo drvo, nasuprot svakom.

*

Kada mi je govoreno o ukradenom horizontu, o Čarobnjacima koji umeju da vam uklone horizont i ništa drugo osim horizonta, ostavljajući vidljivim sve ostalo, verovao sam da je reč o svojevrsnom verbalnom izrazu, o čisto jezičkoj šali.

Jednoga dana, Čarobnjak je, u mome prisustvu, uklonio sav horizont oko mene. Magnetizmom, sugestijom ili na neki drugi način, iznenadno povlačenje horizonta (bio sam blizu mora čiju sam prostranu pučinu, kao i peščane žalove, mogao da odoka premeravam časak ranije) izazva kod mene toliki strah da se nisam usudio više ni da koraknem.

Odmah sam se složio da sam uveren, i sve to, i tako to. Bio sam obuzet nesnosnim osećajem koji se čak ni sada ne odvažujem da evociram.

*

Ovi K... ismevaju one E..., svoje susede, prisiljavajući ih da zevaju, često i još češće zevaju, u svakoj prilici, da ne mogu odoleti zevanju.

Mala osveta zbog nekog davnašnjeg sukoba, neke afere čiji se, kao obično, ni početak više ne zna.

Ali, K..., zlopamtila, nikada ne oprostivši E..., nagone ih da zevaju!

To nije baš pakosno. No, ko voli da izgleda smešan?

Ta ih neprekidna zevanja – od kojih ne mogu da se odbrane i koja na očevidan i sramno banalan način odaju njihovu inferiornost u čarobnoj moći – rastužuju, sve ih većma rastužuju. Ne uspevaju da zevanje prime s dobre strane.

Njihova je čast, misle, u tome založena.

*

Kada su naumili da izvedu ili okončaju neko dugo pomorsko putovanje, a nemaju čarobne snage da se sami prenesu „putem rekonstituisanja", podižu se u vazduh, upregnuvši velike morske ptice.

Velika nevolja s tim pticama je da se ne mogu dugo lišavati ribe i pokušavaju da slete na vodu, što nikako ne pogoduje putniku koji, mokar otpozadi, žali zbog toga što je krenuo na put.

Od ribe do ribe, putovanje se najzad završava, jer su te ptice, s obzirom na namenu, veoma poslušne.

Samo, eto, tokom putovanja, dobro se uverivši, one se okorišćuju koliko god mogu putnikovom magnetskom slabošću.

*

Lomi mu orman o glavu. Kakva radost, čak i ako drvo nije kvalitetno!

Elem, sve je gotovo za glavu, možda i za orman.

Sve je gotovo? Ne, ne u zemlji magije, bitka se još lepše nastavlja, i s veseljem. Udarci fiokama, krhotinama ormana, daskama, još je mogućno tući po čoveku koji se odmah diže i, ako nije podlac, plaća vam.

Prijatno je boriti se i sabljom. Čoveka najpre rasecate napola. No, on se preteći diže. Skidate mu i rame. Svejedno, on se uspravlja. Fiknete mu glavu, glava pada; uzimajući mu meru, režete je kao kupus, i za sve to vreme ne pada vam na pamet da predahnete, zabadate mu još jedan dobar mač ·u škembe. Božjeg li zadovoljstva da ubadate u istog čoveka, jednom, dvaput, triput, dvadeset puta, i za sve to vreme on se opire i, uspravan mada iscrpljen, čela vlažnog od uzbuđenja, preti vam i uspeva još da smogne snage za dobru psovku na vaš račun.

Orman, sablja, mač, suvišno je i reći da su u pitanju čarobni ormani, sablje, mačevi, i ni do kakvog zla ne dolazi, osim umora koga je teško izbeći ako se stvari predajete punim srcem.

*

Kažnjavanje kradljivaca: njihove se ruke ukrućuju, ne mogu se više zgrčiti, ni okrenuti, ni saviti. I što se više i više ukrućuju, i meso tvrdne, mišići krute, i vene i arterije i krv. A ukrućena, ruka se suši, suši, biva ruka mumije, ruka strankinja.

Ali i dalje je deo tela. Dovoljna su dvadeset četiri časa, a nepoznati kradljivac, kako on veruje, i naslađujući se u nekažnjenosti, odjednom oseća kako mu je ruka suva. Razdirući gubitak iluzije.

Srebrne ruke su ruke kraljevske princeze, koja je živela pre niza stoleća, po imenu Hanamuna.

Morala je da krade. Uprkos svojoj kraljevskoj krvi, nije mogla izmaći kazni Čarobnjakâ.

U roku možda od jednog časa sna, njene ruke se ukrutiše. U snu, pričaju, videla je sebe sa srebrnim podlakticama. Probudila se i sa užasom ih vide na svojim rukama. Okrutna vizija. Još pokazuju njeno balsamovano telo, njene male srebrne podlaktice. I ja sam ih video.

*

„Eto, ne možemo više da mu se primaknemo: radi se o mlatilu kojim se služi čim mu se neko primakne za korak. Rascopaće glavu nametljivcu koji otvori kavez i nađe mu se nadomak. To traje već više od četiri godine. To mlatilo za žito ima vam trideset kila, i dodajte tome snagu zamaha..."

– Ali ne vidim mlatilo – uskliknuh. – U ovom ga času nema, požurite, zgrabite ga...

To mlatilo je čarobno.

Donekle sam sumnjao u to i primaknuh se. U tom trenu, zatvorenik strašno zamahnu put mene, samo rešetke kaveza zaustaviše udarac, zatresavši se i razlegavši kao da ih je pogodila sva sila oružja.

Shvatio sam da izvesni tamošnji ludaci ne gube ni najmanje od svoje čarobne moći. Valja reći da me to još čudi, a čudiće možda i neku Gospodu koja veruje da je upućena u Ludilo.

*

Neki dan postoji po sebi i prethodni postoji i onaj koji prethodi prethodnom i onaj otpre... i dobro su slepljeni, po desetak zajedno, po tridesetak, po više godina, a ne dešava se da žive, sebe, već jedino da žive *život,* i to zadivljuje.

To veoma dobro zna stanovnik zemlje Magije. Zna da dan postoji i veoma je jak, čvrsto zavaren, te da on mora da radi ono što *danu nije stalo da čini.*

Pokušava, dakle, da izdvoji svoj dan iz meseca. Uloviti ga je teško. I to se ne može izvesti ujutro. Ali, oko dva sata posle podne, on počinje da ga miče, dan se klati, klati; tada se treba sav upreti, pritiskati, držati, puštati, oslobađati, pratiti odozgo.

Konačno ga *skreće, najahuje.* Gospodari njime. A onda brzo obavlja što je važno, brzo, budući da je, eto, prinuđen da, najkasnije oko ponoći, prepusti dan da se zakači za sledeće. No, šta da se radi? To je danak animalnom postojanju.

*

Zašto vas diraju jedino ruševine i najskromnije kolibe, i tako ljudski izgledaju, mada se u njima, nesumnjivo, ne može lagodno stanovati, dok su udobne kuće uvek neprijateljske i strane telesine?

Izgleda da su Čarobnjaci odgovorili na to pitanje i drukčije nego rečima.

Njihova arhitektura je lišena svake brige o korisnosti.

Niko u toj zemlji neće tražiti od arhitekata neko nastanjivo zdanje. Stvar je gotovo sigurna da ono to neće ni biti. Ali, u njemu ćete moći da šetate i spolja posmatrate njegovo radosno dejstvo, njegov prijateljski ili veličanstveni izgled, najzad provedete u njemu čarne trenutke.

Na goloj zaravni iskrsnuće, na primer, gordi bedem, koji ništa ne utvrđuje, sem retke trave i nekoliko žutilovki.

Drugde, krunišući samo tlo puste poljane, obrušena kula (sazidana „obrušena"). A tamo, lûk, bez ikakve namene, koji opkoračuje jedino svoju senku; nešto dalje, usred poljane, malo stepenište koje se, samcito i poverljivo, uspinje put beskrajnog neba.

Takve su njihove građevine. Oni koji bi da stanuju, stanuju pod zemljom u skromnim staništima, s mnoštvom zaobljenja.

Kada sam Čarobnjacima pokazivao brze crteže i fotografije naših stanova, bili su zbunjeni. „Zašto su tako ružni? Zašto?" Još neobičnija je stvar da su odmah bili pogođeni njihovim karakterom psihičke nenastanjivosti, neljudske brutalnosti i nepromišljenosti.

„Čak bi i svinje u njima bile nesrećne", govorili su.

„...a niste ni unutra zaštićeni", dodavali su, „niste ni..." Nisam razumeo nastavak, jer su prasnuli u opšti neodoljivi smeh.

Život pod zemljom usmerio ih je sasvim drukčije nego nas.

Hladno (i bezdimno) svetlo je njihov izum – ako je izum otkriti ono što je našlo dvadesetak vrsta insekata i isto toliko riba. Naši arheolozi raspravljaće kasnije šta je prethodilo – izum svetlosti ili sklonost skrovitom stanovanju, ili pak traženje pouzdanog mesta za upražnjavanje magije. Čarobnjaci ne odgovaraju na tu vrstu pitanja.

Drugi se gade njihovog izvanrednog hladnog svetla.

Ništa od neobuzdanog, jarkog i neumoljivog sunca koje istovremeno isijava toplotu i svetlost, ne vodeći računa o infracrvenim i ultravioletnim zracima. Ništa ni od naših jadnih, pa ipak užarenih voštanica, svetiljki, reflektora ili neonskih cevi.

U njihovim podzemljima vlada izrazito izbistrena jasnost, blagotvorna za oko kao što je mleko blagotvorno za dečje telo, svetlost za kojom smo žudeli da po njoj nazovemo „klasično doba". Ona godi oku, nikada ga ne zamara i uklanja seni spavanja.

*

Gaje patuljke u bačvama.

„U svakom slučaju", vele, „patuljci će se gnušati sveta.

Ili ih, dakle, pobiti ili načiniti bačvu za gnev. U tome je ceo problem.

Često smo skloniji smrti. Ponekad je, razumete, neophodno nekoliko jakih bačvi..."

*

Lica-topovi!

Lica uvek uperena, lica uvek eksplozivna.

Izbegavati one s licem-topom.

Čak i ako bi oni hteli, ne bi mogli a da vas uzgred ne upucavaju i, uveče, posle nekoliko časova naoko banalnog i beznačajnog razgovora, igara ili neobavezne šetnje, čudite se što ste tako umorni, tako preterano, tako smrtno umorni.

*

„Dar za Lûk, šta bih s njim?"

Bilo je tuge u tonu njegovog glasa, možda gorčine i starosti, poput lampe, da, poput lampe koja

trne i shvatio sam da sam bio nesmotreno namet-
ljiv.

I tako, još jednom blizu da saznam, da najzad na-
učim neku od glavnih tajni, razgovor je bio skre-
nut ili završio u uzdahu.

*

Ko bi, dakle, voleo da gubi?
Čovek je, poluokrenut prema meni, stajao na
nekoj strmini. Pade.
Iako nije pao čak ni sa sopstvene visine, njego-
vo telo, stigavši do zemlje, bilo je potpuno smrvlje-
no. Štaviše, satrveno, zgnječeno, kao da je bilo iz-
bačeno s litice visoke četiri stotine metara, dok se
on, u padu, skotrljao samo s beznačajnog nagiba.

*

Partenoterapija je jedna od najrasprostranjenijih
institucija u zemlji.
Deca (postoji tržnica dece), devojčice od svojih
četrnaest godina, uzimaju se kao medikamenti.
One, uostalom, pri tome, ne varajte se, ne gube de-
vičanstvo: o kontaktu se vodi računa, vodi se raču-
na još samo u slučaju najgrubljih.
Puko prisno prisustvo dovoljno je iscrpno.
Budući teško pogođen krizom gušenja, po uput-
stvima svoga savetnika, i sâm sam iznajmio jednu.
Njeno rame i pupljenje njenih divnih prsa bili su
dodirivana zona koja mi je najviše pomogla, i naj-
brže.
Tokom tretmana, ta jednostavna devojka, puna
dalekosežne čari, samo je vezivala i odvezivala
neki nožni štitnik, ali veoma skromno.

41

Pogledala bi me s vremena na vreme, zatim svoju nogu, ne govoreći ništa, i njena osećanja su mi ostala nepoznata.

*

Svuda postoje neprilike usled nedostatka harmonije, pa ni ova zemlja nije bez njih.

Izvesni dostižu do takve hipersenzibilnosti, ne očuvavši odgovarajuću snagu, da ako bi neka zverčica ozbiljno to htela, mislim htela da im učini nešto, oni bi bili njene žrtve i ne bi mogli da joj se suprotstave, potčinjeni nekom beznačajnom insektu koji je samo za preziranje.

Oni to znaju, a ja vam prepuštam da razmislite da li je to sramota i očajanje za tako tretiranu osobu.

Video sam takav slučaj ponašanja pod uplivom zmije kraće od pedeset centimetara, suviše apsorbovan da bi osetio beščašće, a govorili su mi o ženi koju je opčinio i vodio pauk.

Nikako, zapravo, ne pogađam kuda, ni zašto.

*

U toj zemlji gde je prirodna čarobna snaga velika, gde je razvijaju lukavstvo i tehnika, krhki i nervozni moraju da budu posebno predostrožni da bi sačuvali svoju autonomiju.

Čak su mi i važni ljudi, glasovite ličnosti, u trenucima iskrenosti govorili, razotkrivajući svoj strah: „Jesam li to baš ja? Ne primećujete li ništa..., ništa tuđe u meni?" Toliko strahuju da ih je neko drugi obuzeo ili da njihove jače kolege rukuju njima kao lutkama.

Kada sam im govorio o Hristu i Franji Asiškom ili o drugim svecima s tragovima u potomstvu, koji krvare iz ruku i nogu svakog četvrtka, poprimali su češće izraz utučenosti i sumornog ustuknuća nego pobožnosti.

„Kako! Umro je pre dve hiljade godina, kažete, i još vas vampirizuje!" Video sam ih da pate zbog nas, i kao da su i sami mučeni.

*

Spominjao sam instituciju *tržnice dece*. U pokrajini Nor postoji tržnica roditelja, na kojoj su izlagani odrasli bez dece i s kapicom nižom od one trećeg čarobnog stepena.

Tamo, deca biraju. Roditelji mogu da ne prihvate. Detetov izbor je naprosto pribeležen. Sedam odbijanja odraslog neće biti tolerisani. To je otac koji sebe ne poznaje, veli se, a isto i za ženu, osim što je za nju maksimum odbijanja pet.

U pokrajini Gornoba znatno je više očeva nego majki. U Kareli, suprotno: žene se nikako ne vezuju, osim za muškarce.

Očigledno nezgodno. Ali, njihovo je načelo da više vredi usvojeni otac koji vam odgovara nego cela prirodna porodica koja vam ne odgovara. Obično kazuju i da su detetu retko potrebni otac i majka. Potrebno mu je, zavisno od njegovog karaktera, jedno *ili* drugo.

Šta reći o tim običajima? Pa dobro (a upozoravam da nisam osoba koja svuda vidi uspehe), ako i ispadne izvestan broj „veza" koje krenu loše, otuda nikako ravnodušne, tu se opet nalaze više nego igde drugde porodice sa skladom kao iz sna, koje su proistekle iz uzbudljivih susreta jednoga dana

43

na tržnici i pretvorile se u svojevrsni raj na zemlji. Odmah im se moglo zavideti, uveravam vas.

Mališan iz Gornobe sam je obeležio i „savladao krug“, hodeći put svoje sudbine. Možda moram istaći da me izvesna deca izazivaju svojim razdražujućim izrazom gospodičića koji je uspeo; to je zapažanje koje se brzo briše pogledom na čudesno sparivanje, istinski predodređeno i takvo da uz njega osećate sopstveni život kao promašen, ispod mogućnosti, od samog početka, definitivno promašen.

*

Perfidno, pametno, genijalno, oni su usavršili postupak naročitog lova.

Deluju protiv lavova, *ranjavajući kolektivnu dušu lavova*. Tajnim putem postižu prednost nad duhovima mrtvih lavova, komprimuju ih i ometaju njihovu reinkarnaciju, ili je pak prekomerno stežu, izazivajući veoma rđave posledice po zdravlje i konstituciju lavova koji su u tim krajevima – osim na zapadnim savanama – strašno degenerisani i mlitavi, kako nije dopustivo za zveri, mali rastom i u svemu, takvi da im i neki bik može doći glave.

I te neprijatelje čoveka i stada, te zveri negda apokaliptičke po stravi koju su budile, oni love, putem, udarcima nogu kad ih sretnu, i prete da ih još većma izobliče, da ih svedu dotle da im miš može uliti strah.

A lavovi, kao da razumevaju prokletstvo, podvijaju rep i kriju glavu među šape. Vidimo ih kako, poput bednika, prevrću po kućnim smetlištima.

Davno se već brodovi ne koriste sem za velika rastojanja.

Za preplovljavanje reke predviđena je barka za bogalje, decu, namirnice. Dugo je već kako se ljudi, dobrog zdravlja, od toga uzdržavaju, savlađujući čarobnom snagom ponore i vode.

Uzbudljiva stvar: katkad poneki starac ili mladić sputan prtljagom ili oslabljen bolešću, koji je uzeo barku, ne izdržavši sporost manevrisanja, na nekoliko hvati od obale, slušajući jedino svoju želju, napušta barku usporenu strujom i hoda po vodi.

Oh, iznenađenje, osećanje kakvo nikada nisam poznavao, taj slavni i tako prirodni polet, i tada izgleda da je on sposoban za celi prelazak, da samo nije hteo da vređa čamdžiju, lišava ga njegove kore hleba, a ponekad to, svakako, i jeste slučaj.

Drvo koje tuče svoje grane nisam video, ali su mi o njemu mnogo govorili. Može ih tući jedino prvih petnaest dana proleća, a potom mu nedostaje gipkosti i biva ravnodušno i usađeno poput drugog drveća, nabijenih celulozom i krutim tvarima nesaglasnim sa izražajnošću i plesom.

Čudnovato se snalaze u stvarima zanata i industrije. Objašnjavao sam jednom, između ostalih naših izuma, upravljanje – za koje su izgleda bili zainteresovani – jedrenjakom s tri katarke. Nacrtao sam pažljivo, što sam bolje umeo, katarke i jarbole, jarbol korpar, mali jarbol, jarbol za kvadratno jedro, a zatim kada sam docnije to spomenuo najusredsređenijem od mojih slušalaca, shvatih da je on razumeo da se jedra razapinju na revolver, to jest na kugle; opali se hitac, na primer, na jarbol za kvadratno jedro, a platno se razvije.

Tako oni nehotice mešaju čudo s naukom. Neprekidno sam morao da ih ispravljam: „Ne, nema nikakve veze petao s vozovima! Ne, ritual munje nam nije neophodan da bismo upalili naše električne svetiljke..." Ali, oni su i dalje sumnjali i tragali za onim što sam im navodno skrivao.

*

Paraliza ulja. Ne vidim drugu reč. Obično ceđeno iz kikirikija, to ulje, kad god poželite, volšebno gusne i opire se tečenju, biva pre uzdržano nego viskozno.

Možete ga odneti, čuvati u blokovima. Protrljate ih, i tada napolje isparava koliko vam je potrebno, koliko hoćete, već prema tome da li trljate snažno ili blago.

Izgleda da ta tajna ne može da napusti zemlju, jer kada sam poneo jedan od blokova, umesto njega zatekao sam ulje koje je natopilo i isprljalo ceo kofer.

Čitalac pomišlja da je, sasvim prosto, ulje bilo zamrznuto. Ne.

Razlika bode oči. Niko nije video zamrznuto ulje, ali ko nije video vodu pretvorenu u led?

No, to ni po čemu ne liči na paralizovanu vodu, koliko god oni činili isto. Vodu zaustavljaju, zadržavaju, sprečavaju je da pada. Uostalom, nisam li već o tome govorio?

46

Aspekt je, dakle, sasvim različit. Materija je u svome kretanju blago obuzdana, daleko od toga da ima nespornu, kristalnu, gotovo mineralnu krutost leda, ponaša se pre kao jastuk.

*

Traka preko očiju.

Izvesnu decu uzgajaju s trakom preko očiju. Manji broj je uvežbao da vid pronađe putem svih pora na svome telu, veći – da vidi u bezmalo totalnoj tami.

Izvesni postaju toliko osetljivi na svetlosne zrake da ne mogu izići na danje svetlo a da se ne zaštite s dva ili tri suncobrana.

„Slepci dana" su omiljeni za prinošenje žrtava Moćnima. Za njihove žrtve se smatra da su rađe prihvaćene.

Životinje ih se manje plaše, pa su spremne, zahvaljujući toj sklonosti, na poželjno prepuštanje žrtvovanju. Oni mogu da se približe i najvećem broju vrsta, i da, uprkos tome, nijedna ne ustukne.

Za žrtvovanje su jedino dobre *zveri koje drhte u dodiru s vodom.*

*

Udata za lutka.

Tamo se pridržavaju zakona nečistoće. Orgije su svete. Mokraća je njihova voda (za umivanje). Jedino su poštovani obredi lunarnog rukavca.

Gotovo je opšti običaj da devojka bude udata za lutka. Neće imati drugoga muža. Tom lutku mora ostati verna.

Triput godišnje neki neznanac, koji će joj zauvek i ostati nepoznat, podvrgava je zakonu muškarca, ali ne dodirujući je, osim koliko je neophodno, ne otkrivajući se, bilo da je u pitanju prst, bilo reč, potpuno zatvoren u odvratnog manekenskog lutka, odevenog u dronjke i slamu i sa čudovišnom maskom.

Takav je običaj. Takva je muka žene. Oh, kako bi ona želela da prevari tog lutka s nekim muškarcem, najzad viđenim, najzad golim, ili barem uobičajeno odevenim, naprosto ljudskim. Ali, to je zabranjeno.

Ti manekeni postaju pokatkad demoni. Upravo je to i cilj kome se stremilo. „Bez žudnje, nema demona." No, njihova je strast demonska.

Oni okivaju, u volšebne svrhe, i ruke seljana, krepkih i prostih zemljoradnika, nadajući se da će iz toga proizići neka vrsta *Lutajuće sile*.

*

Knjiga lavljih snova.

Ta knjiga sadrži svu magiju. Drže je skrivenu. Primerci koje sam video imali su samo dva poglavlja, uostalom lažna na mnogim mestima.

Na glavnoj kapiji grada Inijaho mogućno je videti odlomak iz Velikog ciklusa Lava. Velika i uzbudljiva slika, sačinjena od onoga što valja umeti „čitati".

Vidi se ogromna Kugla koja nalikuje Zemlji, ali ona predstavlja veoma usko grlo kroz koje ulazi lav koji se tog puta ne razmahuje. Njegov rep je uvrnut dvanaest puta i izgleda da dospeva do neke vrste bokalčića u kome zaspiva. Budi ga golubica. On hoće da je sčepa. Ona beži. Mršaveći, on se promeće u zmiju i hrani se šljunkom. Na njega, dalje, navaljuje voda, zatim plamen. Sučeljava se s njima.

Najvećma ga opterećuju sva jaja nad kojima mora da bdi. Zaspiva po drugi put, tu, blizu jaja. Neka reka od jedne zvezde teče prema njemu. Ponovo oživljava (jaja su bela, kugla siva, lav uvek crn). Sada je u šestom krugu (ima ih sedam, koncentričnih). Iz petog kruga pucka bič. Otada lav započinje svoj pravi život lava. Ne zadugo. Evo mu predstoji uspinjanje spiralnim lestvama. U tom položaju je izložen udarcima krila ptica-mačaka.

Tek što će dosegnuti peti krug, naginju se dva starca, držeći neku knjigu. I lav zaspiva po treći put.

Četiri kruga koja proračunavaju, koja drže ključ ostalih, unutar su tog zabranjenog grada, ali prvi krug, ključ za sve ostale, nije prikazan, osim čestitome – u pesku i odmah izbrisan.

*

Vatrene reke ili Dani velikog pročišćenja.

Toga dana ispod trećeg bedema prestonice, obično tihe, polazi plamena reka. Veoma tiha. Proždire stvari i ljude, ali uvek tiho. Na njenim obalama, najviše što se može čuti laki su piskovi bića koja nestaju u ništavilu.

Na raskrsnici, plamene rečice ističu iz reke, radi istog posla. Konačno, iz nje se roji mnoštvo potočića koji teku svuda i podmuklo se prikradaju.

Postoje i vatre prodiranja, i podzemni gradovi su zahvaćeni. Ne mlado bilje, mlade zveri, deca. Oni ostaju nepovređeni. Što se tiče ljudi, jedni – da, drugi – ne.

Ima iznenađenja. Možete videti visoke uglednike u izvesnoj magiji, Mitre, kako se beznadno bore, uzaludno se nadajući, ili pronalaze zakon Lava, ili se pretvaraju u decu. Zaludna borba, odmah su ispareni, rastočeni čudnim plamenjem kome bez muke odoleva najneukija od beba.

Taj se dan naziva Dan velikog „pročišćenja". Gruba presuda izobilno namnoženim crnim oblicima magije.

*

Divkinja u postelji.

Ova će povest o divkinji izazvati kod mnogih ljudi sumnju u moralnu vrednost Čarobnjakâ. Neka se, povodom toga, ipak paze nesuvislosti koje rizikuju da zametnu u svome duhu. Vrlina Magije je drugde.

Imaju, u Ofridiji, divkinje (jedna na devet sela) koje su, zahvaljujući njihovim postupcima, čudovišno podizane, formirane, razvijane. Divkinja živi u jednoj kući i obično u postelji, u najraspuštenijem smislu reči „postelja", i u najgorem smislu reči „kuća". Ona tu živi veoma dobro. Što se tiče ljudi, oni izlaze od nje očito iscrpljeni, ali s nečim nadmoćnim, dostižući prag zadovoljenja koji je maltene prag ponora.

Bujno telo koje opkoračujete, te ruke, ta prsa koja gutaju, a mogla bi i da vas slome i raskomadaju, odaju utisak rizika i opasne pustolovine kakav srećete kod žena za koje se muškarci uglavnom razmeću da su lak plen.

Divkinje su, nesumnjivo, dobroćudne, ali njihovo raspoloženje je varljivo, njihovi živci slabi. Lako naljućene, kad im krv navre u oči, uostalom sigurne u svoju nekažnjivost, u času zlovolje vas kidaju, bez kolebanja vam čupaju glavu kao mladoj haringi... i zbogom dugi živote.

*

Čarobnjaci mrze naše misli koje se raspršuju. Vole da su usredsređeni na neki predmet razmišljanja. Ti predmeti su najintimnije, najgušće, najmagičnije na svetu.
Prvih je, ne glavnih, na broju dvanaest, i to:
Sutonski praosnovni elementi.
Meki lanac i oblačni broj.
Haos hranjen pomoću lestvi.
Prostor-riba i prostor-okean.
Neproračunljivi trapez.
Nervna kola.
Eterična ala.
Škorpion-granica i celoviti škorpion.
Duh umirućih zvezda.
Gospodari kruga.
Zvanična reinkarnacija.
Bez navedenih elementarnih pojmova nema istinske komunikacije s ljudima ove zemlje.

*

Godine 493, u trećoj sirijadi njihove ere, grad Oboar, drugi po važnosti, okruži urlikanje. Iz prve je bilo neumereno. Vetrom se zacelo nije moglo objasniti.
Strašno i sluđujuće u tom šumu bilo je da je naglo usporio i prestao do mrtve tišine, dotle da priroda nije više izgledala stvarna nego jedino prekopirana na samu sebe.

51

Zatim, poput granate, vratio se siloviti dah i neizmerni urlik, čineći se još neizmerniji.

Devetog časa zemlja se zatrese, posebnim potresom, lokalnim, kao da je ustupala mesto nekom... nekom biću. Kakvom biću? Govorili su (a da nisu ni videli ikakvu krljušt) o ogromnom zmaju s dugim repom, ili o nekom zubatom reptilu ustostručene veličine, koji je, s naporom, uvijajući se prelazio zaravan na kojoj je sagrađen grad, da bi najzad iščezao u utrobi zemlje.

Gomila se, posle nespokojnog uzbuđenja, raštrkala po umirenom tlu, sa zaprepašćenjem posmatrajući izdubljeni trag u obliku S koje je ostavio zmajev besni rep.

Svaka kuća koja se našla na njegovom putu nestala je u lavi s peskom pretvorenim u staklo.

Otprilike u isto vreme nestao je čitav podzemni grad Iga. Na njegovom mestu je sada velika bazaltna masa.

*

Ko voli da mu tajne budu otkrivene? Često sam bio praćen, napadan.

Karna, pod čijom sam bio zaštitom, imao je težak zadatak.

Često su pokušavali da me otruju. Često bi mi neka ruka u leđa upirala šiljke vila. Prevarene ptice kljunom su se ustremljivale na moje uho. Niz puta su se komadi stena odvaljivali s brda, padajući na mene, ali Karna je uvek stizao na vreme da bi rasterao urok, i opasne mase, lišene čvrstine, padale su pred moje noge kao maramice.

No, jednom, osetivši neki pogubni uticaj, pozvao sam ga, a on nije uspeo da mi blagovremeno pritekne u pomoć. Ipak, krenuo je smesta put mene. Premda je bio samo na drugom kraju sobe, na rastojanju ne većem od šest metara, potrčavši odmah i sve brže i brže, noseći se, tokom dugih minuta, s moćnim potiskivanjem, nije uspeo da dopre do mene, čak ni da mi se primetnije primakne. Pred tom protivničkom magijom, on zastade, sakrivši glavu radi razmišljanja ili prizivanja, ostade tako neko vreme, potom živim korakom ponovo krete. Ovoga puta se približio; raširio sam ruke da bih ga primio, kad ga ciklonski vetar potera pored, prema poluotvorenim vratima. On se uhvati za njih i opet krete u pravom smeru, ali žestoko ponesen prema odškrinutim vratima, morade da se vrati natrag da bi uzeo novi zalet. Po treći put jurnu, ali neodoljivo usisan poput žita u automatsko crevo nekog modernog teretnog broda, on bi hitnut napolje i nestade. Nikada ga nisam ponovo video.

Istoga dana našao sam se, ne znam kako, izbačen iz zemlje Magije.

1941.

O PISCU I DELU

Jedan od najistaknutijih pesnika francuskog jezika ovoga stoleća, Anri Mišo, rođen je u Namuru (Belgija), potkraj maja 1899. godine. Preminuo je oktobra 1984. godine u Parizu. Ali, ne samo pesnik i nezaobilazni slikar, on je za života bio i neuporedivi putnik, ravan najvećim lutalicama, helderlinovskim, hodeći unutrašnjim i spoljašnjim prostorom, premeravajući daljine blizinom i blizine daljinom. Jednoj realnosti uvek je pretpostavljao drugu. Sam će naglašavati da je počeo kao mornar. Promenio je razna zanimanja. Napustio je zavičaj zauvek; njegova su putovanja – putovanja ekspatrijacije, „putuje protiv". Južna Amerika, severna Afrika, Turska, Italija, cela Evropa, Egipat, ali *njegovo* putovanje jeste put Istoka, Azija, Indija, Indonezija, Japan, Kina...

Najpre u mladosti zatomljenu potrebu da piše, iznova mu vulkanski otvara čitanje Lotreamonovog *Maldorora*. Nije voleo „obavezu" da piše; sprečavala ga je, veli, da sanja. Naučio je da piše i sanja u isti mah. Njegova pozna iskustva s drogama, posebno s meskalinom, pokazuju da je u njegovom stvaranju uvek bilo izvesnog neobjašnjivog ludila u kome se crni humor meša s vidovitošću. To je prisutno i u ovoj knjizi.

Nastajući posle knjiga kao što su *Ko sam bio, Ekvador, Izvesni Plim, Varvarin u Aziji*, pojavivši se uoči najžešćih vihora Drugog svetskog rata, tako reći ilegalno, pod pretnjama okupacije, *U zemlji Magije* je delo otpora same fantazije prema silama zbilje koja bi da nas umrtvi, učini večno nepomičnim. Ovde se poezija i putovanje

55

ukrštaju: pozivaju na okušavanje života drugde. Takve su i Mišoove zbirke *Putovanje u Veliku Garabanju* (1936) i *Ovde, Podema* (1948). Velika Garabanja, Zemlja Magije i Podema su naoko imaginarni krajevi. Ali, oni su – po mišljenju samog pisca – savršeno prirodni, prirodni kao biljke i kao glad. Možda su izraz odsutnosti, ali odsutnosti koja prevodi svet. I bliži su nam češće nego što verujemo, kao „prisustvo nepoznatog koje je uz samo poznato". Iza su onoga što jeste ili bi trebalo biti. I takve su pune opasnosti i, istovremeno, utočište. Da bismo u punoj meri pojmili dalekosežnost tih irealnih Mišoovih putopisa, dovoljno je podsetiti se šta on misli o svojim putovanjima kroz realne zemlje, kroz Indiju, Kinu i Japan, opisanim u *Varvarinu u Aziji*. „Možda sam ih", kaže on, „duboko u sebi posmatrao kao imaginarna putovanja izvedena bez mene, kao delo drugih." Kao da je u putovanjima tražio mogućnost da luta po samom sebi. I zato je sve imaginarno kod njega bilo najbolji način, čak jedini način da pristupi svemu realnom. A to nije bila nikakva etnografija predmeta, nego pokušaj da se, umesto stvari, razotkriju običaji, moral, psihologija, koji vladaju u svetovima koji podvostručavaju svet u kome verujemo da živimo.

Moglo bi nam se učiniti da Mišo nastavlja avanturu Džonata Svifta i njegovih *Guliverovih putovanja*. Ali, ništa od toga. Nema kod njega nikakvog socijalnog projekta. Njegove povesti i figure lišene su ma kakvog tumačenja, i zadržavaju nas da ih prihvatimo mimo onostranih smislova i kao misteriju samog postojanja. One ne predlažu alternative stvarnosti, nego su svojom fantazijom osobena revolucija stvarnosti, poetski udar, i utoliko – bez obzira na opasnosti da u njima patimo kao da smo zatočeni u jabuci – utočište ljudima osuđenim na stvarnost.

Volšebništvo Mišoovog pisanja, koje se ne da uvek žanrovski odrediti, fascinira osobinom da nas najkraćim putem, dok nam nudi neobična zadovoljstva, dovodi na prag ponora. Nestvarno odjednom postoji. Pitanje kojim nas pesnik muči jeste da li hoćemo to postojanje. I zajedno s pitanjem, nagrađuje nas smehom istine. Delo Anrija Mišoa, rođeno iz naročite vrste umora od sveta u kojem smo utamničeni, poklon je koji nas krepi od tog umora i potvrda da je poetska mašta ogromno vrelo razloga za opstanak uprkos svemu.

J. A.

SADRŽAJ

Izdavačko preduzeće
RAD
Beograd, Dečanska 12

*

Glavni urednik
JOVICA AĆIN

*

Grafički urednik
MILAN MILETIĆ

*

Lektor
NADA GAJIĆ

*

Korektor
MIROSLAVA STOJKOVIĆ

*

Nacrt za korice
JANKO KRAJŠEK

Realizacija
ALJOŠA LAZOVIĆ

*

Priprema teksta
Grafički studio RAD

*

Za izdavača
SIMON SIMONOVIĆ

*

Štampa
Elvod-print, Lazarevac

CIP – Каталогизација у публикацији
Народна библиотека Србије, Београд

840-1

МИШО, Анри

    U zemlji magije / Anri Mišo ; [s francuskog preveo Jovica
Aćin]. – Beograd ; Rad, 1999 (Lazarevac : Elvod-print). – 61 str. ; 18
cm. – (Reč i misao ; knj. 496)

Prevod dela: Au pays de la magie / Henri Michaux. – Str. 55–57: O
piscu i delu / J. [Jovica] A.[Aćin].

ISBN 86-09-00616-6

ID=76296716